AF365776

9 786144 025710

سَيِّدُنا مُحَمَّد

كتابة، رسم وإخراج: سنا شهاب

سَيِّدُنا مُحَمَّدٌ صَلَّى اللهُ عَلَيْهِ وسَلَّمَ هُوَ رَسولُ الله، أَرْسَلَهُ إِلَيْنا لِيُعَلِّمَنا دينَ الإسْلام.

الإِسْلامُ هُوَ دينٌ مِنْ عِنْدِ اللهِ تَعالى، يُعَلِّمُنا الخَيْرَ والحَقَّ والرَّحْمَة.

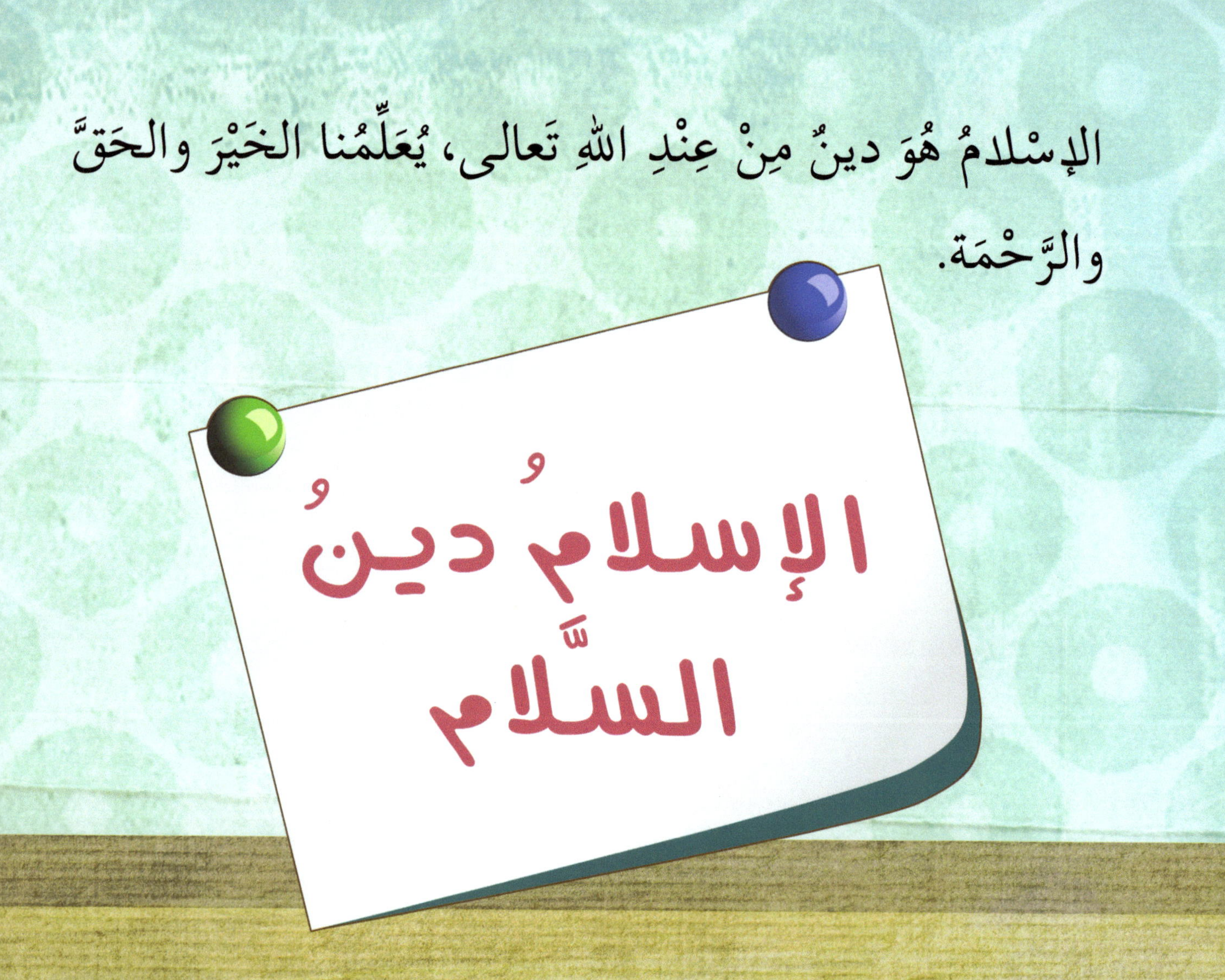

الإسْلام =
الخَيْر
+
الحَقّ
+
الرّحْمَة

مُعَلِّمُنا مُحَمَّدٌ صَلَّى اللهُ عَلَيْهِ وَسَلَّمَ يُحِبُّنا وَيُريدُ لَنا الْخَيْرَ،
أَنا أُحِبُّ أَنْ أَتَعَلَّمَ مِنْه.

رَسولُنا مُحَمَّدٌ صَلَّى اللهُ عَلَيْهِ وسَلَّم صادِقٌ لا يَكْذِبُ ولا يَحْتالُ أَبَدًا، وأُحِبُّ أَنْ أَتَعَلَّمَ مِنْهُ.

أَرْجو أَنْ لا تُعاقَبَ كَثيرًا
لِأَنَّكَ صادِقٌ وسَتَعْتَرِفُ بِالخَطَأ

نَبِيُّنا مُحَمَّدٌ صَلَّى اللهُ عَلَيْهِ وسَلَّمَ أمينٌ، فَهُوَ يُحافِظُ عَلى مُمْتَلَكاتِ غَيْرِهِ.

11

سَيِّدُنا مُحَمَّدٌ صَلَّى اللهُ عَلَيْهِ وَسَلَّمَ يُحِبُّ العِلْمَ وَيُشَجِّعُنا عَلَى التَّعَلُّم.

كُلَّما ذَكَرْنا حَبيبَنا مُحَمَّدًا صَلَّى اللهُ عَلَيْهِ وَسَلَّمَ نَقول :

أنا أُحِبُّ رَسُولَ اللهِ مُحَمَّدًا صَلَّى اللهُ عَلَيْهِ وَسَلَّمَ وَسَوْفَ أُقابِلُهُ في الجَنَّةِ إنْ شاءَ اللهُ.